www.entdecke.de

Entdecke
die Spatzen
Irmin & Inge Vogler

ISBN: 978-3-86659-494-4

An der Kleimannbrücke 39/41
48157 Münster
Tel.: 0251-13339-0
Fax: 0251-13339-33
E-Mail: verlag@ms-verlag.de
Home: www.ms-verlag.de
Geschäftsführung: Matthias Schmidt
Layout: Isabell Büchter
Lektorat u. Bildredaktion: Kriton Kunz
Druck: Drusala, Frýdek-Mistek

shutterstock
Titel: Vitaly Ilyasov
Rückseite Bachkova Natalia
Vorsatz: Maximillian cabinet
S.2/3: sunakri
S.4/5: Fercast
S.5 oben: FooTToo
S.6 oben: AlekseyKarpenko
S.6 unten: Maximillian cabinet
S.7 oben: Karel Bartik
S.7 unten: Vishnevskiy Vasily
S.8 oben: sairentoreo
S.8 Mitte: Photos BrianScantlebury
S.9 oben: Dja65
S.9 unten: Vishnevskiy Vasily
S.10/11: Baolin
S.10 oben: Helen J Davies
S.12 oben: somratana
S.12 unten: Suwicha
S.13 oben: Julia August
S.14: Everett Collection
S.15 oben: Frank McClintock
S.16 oben: Ondrej Prosicky
S.16 unten: Erni
S.17 oben: Elliotte Rusty Harold
S.19 oben links: SAHARALAND
S.19 unten: Agami Photo Agency
S.20: Albert Beukhof
S.21 oben: Helen J Davies
S.21 unten: Eric Isselee
S.22 o links: Narupon Nimpaiboon
S.22 unten: Maximillian cabinet
S.23 oben: Montipaiton
S.23 unten: ArCaLu
S.24/25: Karin Jaehne
S.25 oben: Cornel Constantin
S.25 Mitte: Baronb
S.25 unten: JGade
S.26/27: Fotokostic
S.28/29: Gudrun Muenz
S.28 oben: LDprod
S.30/31: Kapustin Igor
S.30 oben: Stephen William Robinson
S.30 Mitte: Bachkova Natalia
S.31 oben: Alan B. Schroeder
S.31 Mitte: Kemedo
S.32/33 oben: Bachkova Natalia
S.34/35: Wild Carpathians
S.35 unten: Marut Sayannikroth
S.36: Victoria Tucholka
S.38/39 unten: Bachkova Natalia
S.38 oben: Christian Fogtmann
S.38 Mitte: Petreieva Olena
S.39 oben: yuriy_kevin
S.40/41 unten: Paul Maguire
S.40 oben: Werner Baumgarten
S.41 oben: Piotr Velixar
S.42/43: accarvalhophotography
S.42 oben: Bachkova Natalia
S.44: JGade
S.45 links oben: Somogyi Laszlo
S.46/47: suradech sribuanoy
S.47 oben: Ballygally View Images
S.48/49: Studio Basel
S.48 unten: Grandpa
S.50/51: Maslov Dmitry
S.51 oben: MyImages - Micha
S.51 Mitte: Melle V
S.52/53: Shveyn Irina
S.54 oben: aDam Wildlife
S.54 unten: voronas
S.55 oben: Bachkova Natalia
S.55 unten links: Eric Isselee
S.55 unten rechts: IhorM
S.56 oben: JanoJano
S.56 Mitte: lukaszemanphoto
S.56 unten: Anna Wi
S.57: Petr Bonek
S.58/59: itsKeekah
S.59 oben: David Pineda Svenske
S.60 unten: ivan canavera
S.62/63: Bachkova Natalia
S.64: SAND555UG

Irmin & Inge Vogler:
S.22 oben rechts
S.29 3x
S.32/33 4x
S.34 2x
S.37 3x
S.43 3x
S.45 2x
S.46 oben
S.52 3x
S.60 2x oben
S.61 oben

mauritius images
S.1: Brian Scantlebury / Alamy Stock Photos
S.13 unten: Art Collection 3 / Alamy / Alamy Stock Photos
S.15 unten: robertharding /James Hager
S.17 unten: Blickwinkel / Alamy / Alamy Stock Photos
S.18 oben: nature picture library / Dong Lei
S.18 unten: Naturbildarchiv / Staffan Widstrand / Wild Wonders
S.19 oben rechts: Nature in Stock / Rosl Roessner
S.61 unten: Science Source / Ken Thomas

Sonstiges:
S.11 oben: CC BY-SA 4.0 Städel Museum, Frankfurt am Main;

Inhaltsverzeichnis

Willkommen in der Welt der Sperlinge!

Als ich (Irmin) ein Kind war, hat mein Opa mich manchmal in eine Gartenwirtschaft mitgenommen. Dort trank er Apfelwein. Damit Insekten und Spatzenhäufchen nicht in sein Glas fallen konnten, legte er einen schönen Holzdeckel mit einem silbernen Wappen darauf.

Die Haussperlinge, die wir meist nur als Spatzen bezeichnen, zählen zur Vogelgruppe der Sperlinge. Das Wort Sperling stammt vom althochdeutschen Wort „sparo" und das wiederum kommt von einem Wort, das „zappeln" bedeutet. Demnach würde Sperling also „kleiner Zappler" bedeuten – und wenn Du diese Vögel beobachtest, dann wirst Du feststellen, dass sie wirklich den größten Teil des Tages in Bewegung sind. Weil sie als clever eingeschätzt werden, haben Dichter sie als Racker oder Schlingel bezeichnet. Sie treten meist in Scharen auf, nisten als sogenannte Höhlenbrüter bevorzugt in Hohlräumen an Gebäuden, vor allem im Dachbereich, und brüten sehr gern in Gesellschaft von Artgenossen. Man spricht dann von einer Kolonie oder Spatzenansiedlung. Im Winter bleiben sie bei uns, sind also keine Zugvögel, sondern Standvögel.

Jedes Kind kennt Spatzen, denn sie halten sich gerne in der Nähe des Menschen auf. Viel Spannendes gibt es über sie zu berichten!

„Ob für mich etwas übrig geblieben ist?"

Treue Spatzen

Spatzen leben in aller Regel in Einehe. Das bedeutet, dass sie lebenslang mit ihrem Partner verbunden bleiben.

Obwohl sie nicht gerade sehr melodisch singen, zählen Sperlinge aufgrund ihrer Verwandtschaft zu den Singvögeln. Der Gesang der Männchen, den Du bestimmt schon gehört hast, wird als Tschilpen bezeichnet. Singen können Sperlinge zwar wie gesagt allerdings nicht so schön wie Nachtigall, Drossel, Amsel, Hausrotschwanz oder Buchfink. Neben dem Tschilpen verfügen Spatzen aber noch über eine größere Anzahl von Ruflauten, die sie bei Gefahr, während Auseinandersetzungen oder der Balz äußern, also wenn ein Männchen um ein Weibchen wirbt. Diese Laute werden Zwitschern oder Zetern genannt. Außerdem können sie unter anderem Laute von Staren und Amseln nachahmen und wissen auch die Alarmrufe anderer Vogelarten zu deuten.

Sperlinge sind geschickte Flieger!

Obwohl Sperlinge keine Gesangskünstler sind, zählen sie dennoch zu den Singvögeln

Singvögel

Wenn Spatzen doch nur tschilpen, wieso zählen sie dann trotzdem zu den Singvögeln? Weil alle Singvögel miteinander verwandt sind, also von einem gemeinsamen Vorfahren abstammen. Sie teilen daher auch bestimmte Merkmale wie einen speziell gebauten Kehlkopf, wo der Gesang entsteht – oder im Fall der Spatzen eben das Tschilpen.

Manchmal gibt es Meinungsverschiedenheiten ...

In diesem Buch der Entdecke-Reihe möchten wir Dir heimische und exotische Sperlinge als das vorstellen, was sie wirklich sind: höchst clevere, hervorragend an ihre Lebensräume angepasste Überlebenskünstler, die viel Spannendes und Überraschendes zu bieten haben. Komm also mit auf eine spannende Reise durch die Welt der Spatzen!

Der „Gesang" der Spatzen ist lediglich ein Tschilpen. Daneben äußern sie noch eine Reihe anderer Laute.

In Städten haben Spatzen ihre natürliche Scheu vor dem Menschen weitgehend verloren

Die cleveren Vögel wissen, dass es in Gartenwirtschaften auch für sie etwas zu holen gibt

Futter gibt's manchmal auch im Kot

„Spatzen sind einfach nur lästig. Wenn man sich in eine Gartenwirtschaft setzt, dann fliegen und hopsen sie um die Tische herum. Über den Tischen in den Bäumen sitzen sie und man muss Angst haben, dass sie ihre Häufchen auf Teller und in Gläser fallen lassen. So etwas ist eklig! Ihr Tschilpen ist laut und störend. Sie fressen Abfälle und im Zoo fliegen sie in die Gehege von Elefanten, Nashörnern und Giraffen. Dort picken sie unverdautes Getreide aus den Kothaufen dieser Tiere und dann kommen sie dahin, wo Menschen essen. Igitt und pfui Teufel, das ist wirklich nicht zu fassen!"

So äußern sich Menschen, die keine Vögel mögen. „Dreckspatz“ wird dann auch gesagt, weil man Spatzen mit Abfällen und Pferdeäpfeln, dem Kot von Pferden, in Verbindung bringt. In der Natur ernähren sich jedoch viele Lebewesen von Kot. Manche Insekten lassen sogar ihren Nachwuchs darin aufwachsen, beispielsweise Mistkäfer. Dieses Thema ist nicht appetitlich, aber in der Natur finden solche Abläufe jeden Tag statt. Wir Stadtmenschen sehen solche Dinge nur noch selten oder gar nicht mehr. Pferdefuhrwerke gibt es in den Städten nicht und wenn eine Hochzeitskutsche von Pferden gezogen wird, dann dürfen Pferdeäpfel nicht auf die Straßen fallen. Sie werden in einem Tuch aufgefangen.

Solche Pferdefuhrwerke gibt es nur noch selten

Fahrende Selbstbedienungsläden

Pferdefuhrwerke waren früher ein alltäglicher Anblick. Spatzen konnten sich hier hervorragend bedienen: Sie fanden Heu und Stroh für ihre Nester, reichlich Insekten als Nahrung für sich und ihre Jungen und in den Pferdeäpfeln ebenfalls noch vieles, was sie fressen konnten.

Begleiter des Menschen

Unter Dachziegeln finden sich manchmal Hohlräume, die Spatzen für den Nestbau nutzen können

Die ältesten Fossilien von Haussperlingen, also versteinerte Überreste, fand man in Betlehem in Palästina: Sie sind 400 000 Jahre alt. Mindestens so lange also gibt es diese Art schon – manche Forscher meinen sogar, bereits seit zwei Millionen Jahren. Fest steht, dass sich Hausspatzen bereits vor 10 000 Jahren den Menschen anschlossen, als diese begannen, Ackerbau zu betreiben und sich feste Behausungen zu bauen. So lange schon sind Spatzen unsere Begleiter!

Die Hausspatzen entdeckten, dass es leichter ist, vorbearbeitetes Getreide zu verspeisen, das der Mensch in seinen Behausungen lagerte oder das irgendwo liegen geblieben war. Vielleicht hast Du schon gesehen, wenn ein Sperling einen Sonnenblumenkern öffnet. Es dauert schon eine gewisse Zeit, bis der Vogel mit seinem Schnabel die Schale geknackt hat und dabei geschickt den Kern im Schnabel behält, den er ja fressen möchte. Gedroschenes Getreide dagegen ist schon von seinen Pflanzenhüllen, den Spelzen, befreit, also viel bequemer zu fressen. Die Spatzen merkten sich, dass sie sich die Mühe sparen konnten, auf den Feldern das Getreide aus den Ähren zu lösen.

Die verwandten Feldspatzen schlossen sich erst viel später dem Menschen an. Wie ihr Name schon sagt, befindet sich ihr Lebensraum eher auf den Feldern. Sie brüten in Hecken an Waldrändern und ernähren sich von vielen verschiedenen Samen, Würmern, Raupen und Insekten.

Heute allerdings gestaltet sich das Überleben für Hausspatz und Feldspatz in den Städten immer schwieriger. Wenn alte Häuser instandgesetzt werden, verschließt man die alten Nistplätze in Nischen oder unter den Dachabdeckungen. Solche Häuser ebenso wie neu gebaute bieten den Hausspatzen keine Heimat mehr. Freie Flächen in den Städten, die man Brachen nennt und auf denen wildwachsende Pflanzen siedeln, werden immer seltener. Dadurch finden Spatzen kaum noch Nahrung wie Samen und Insekten für sich selbst und ihre Jungen.

Spatzen leben und nisten schon immer in der Nähe des Menschen. Hier hat der Künstler Hans Thoma dargestellt, wie ein Junge freudig erstaunt ein Nest betrachtet.

Seit vielen tausend Jahren suchen Sperlinge auf den Feldern des Menschen nach Nahrung

Früher wurden Sperlinge in vielen Ländern erbittert bekämpft

Gehasst und bekämpft

Viele Menschen wollten früher Spatzen nicht sehr gern in ihrer Nähe haben, vor allem weil sie ja Getreide fressen und daher als Konkurrenten betrachtet wurden. Daher stellten Bauern Vogelscheuchen auf, oder Wächter verjagten sie von den Feldern.

Haussperlinge gab es in riesigen Mengen. Die Natur hatte ihnen genügend Nahrung in Form vieler Sämereien und Insekten zu bieten. Sie bevorzugten aber die leichter zu erreichenden Getreidespeicher, die abgeernteten Felder der Menschen, und Insekten gab es noch genug. Bis in die Neuzeit wurden Versuche unternommen, Spatzen zu töten, um sie auszurotten – das nannte man „Spatzenkriege".

1958 wurden in China innerhalb von drei Tagen viele Millionen, manche Forscher meinen sogar, bis zu zwei Milliarden Sperlinge mit Gewehren, Steinschleudern und anderen Waffen getötet oder so lange umhergescheucht, bis die Vögel tot vom Himmel fielen. Nester und Eier wurden zerstört, die Küken getötet. Auf Befehl der kommunistischen Regierung mussten alle Menschen mithelfen, sogar Kinder, weil man Spatzen als Nahrungskonkurrenten sah.

Als die Spatzen fast alle tot waren, konnten sich jedoch Insektenplagen ungestört entwickeln. Heuschrecken fielen über die Felder her und fraßen die Reispflanzen. Millionen Menschen verhungerten. Da entschloss sich die Regierung reumütig, 250 000 Spatzen aus Russland zu kaufen und wieder anzusiedeln. Nun wusste man, dass Spatzen große Mengen von Insekten fressen, die nicht nur dem Menschen, sondern auch vielen Pflanzen schaden können.

Bis vor gar nicht so langer Zeit wurden Spatzen aber auch in Deutschland verfolgt und abgeschossen, weil sie sich über das Getreide der Menschen hermachten. Vor ungefähr 170 Jahren verfasste Wilhelm Busch das Gedicht Seite 13 über die cleveren Spatzen. Es ist zwar gut beobachtet, aber vielleicht fällt Dir auf, dass der Spatz am Schluss abwertend gesehen wird.

Mit Vogelscheuchen versuchen Landwirte, Sperlinge von ihren Feldern fernzuhalten

Der Spatz

Ich bin ein armer Schreiber nur,
Hab' weder Haus noch Acker,
Doch freut mich jede Kreatur,
Sogar der Spatz, der Racker.

Er baut von Federn, Haar und Stroh
Sein Nest geschwind und flüchtig,
Er denkt, die Sache geht schon so,
Die Schönheit ist nicht wichtig.

Wenn man den Hühnern Futter streut,
Gleich mengt er sich dazwischen,
Um schlau und voller Rührigkeit
Sein Körnlein zu erwischen.

Maikäfer liebt er ungemein,
Er weiß sie zu behandeln;
Er hackt die Flügel, zwackt das Bein
Und knackt sie auf wie Mandeln.

Im Kirschenbaum frisst er verschmitzt
Das Fleisch der Beeren gerne;
Dann hat, wer diesen Baum besitzt,
Nachher die schönsten Kerne.

Es fällt ein Schuss. Der Spatz entfleucht
Und ordnet sein Gefieder.
Für heute bleibt er weg vielleicht,
Doch morgen kommt er wieder.

Und ist es Winterzeit und hat's
Geschneit auf alle Dächer,
Verhungern tut kein rechter Spatz,
Er kennt im Dach die Löcher.

Ich rief: „Spatz, komm, ich füttre dich!"
Er fasst mich scharf ins Auge.
Er scheint zu glauben, dass auch ich
Im Grunde nicht viel tauge.

Wilhelm Busch 1832–1908

Sperlinge weltweit

Sogar in Wüsten!

Sperlinge leben am liebsten in offenen, trockenen Landschaften. Wenn sie in Wäldern vorkommen, dürfen diese nicht zu dicht sein. Manche Arten kommen selbst mit den schwierigen Bedingungen in Wüsten zurecht.

Hausspatz und Feldspatz sind längst nicht die einzigen Sperlinge: Insgesamt gibt es 43 Arten dieser Vogelfamilie. Mit „Familie“ meinen Wissenschaftler eine Gruppe von Tierarten, die alle nah miteinander verwandt sind, also ähnlich aussehen, weil sie von einem gemeinsamen Vorfahren abstammen. Die meisten Sperlingsarten leben in Afrika, aber auch in Europa und Asien kommen sie vor.

Vor 170 Jahren haben europäische Siedler Sperlinge in Nord- und Südamerika eingeführt, wo sie zuvor nicht vorkamen. Im Süden Afrikas, in Australien und Neuseeland wurden die Spatzen ebenfalls erst durch Siedler heimisch.

Damals konnte man Amerika, Australien und Neuseeland nur mit dem Schiff erreichen. Eine Reise von Amsterdam in den Niederlanden nach New York in den USA dauerte im Jahr 1860 etwa eine Woche. Die Auswanderer nahmen die Spatzen in Käfigen mit, fütterten sie mit Getreide und versorgten sie mit Süßwasser, denn salziges Meerwasser können Menschen und Tiere nicht vertragen. Die Siedler wussten, dass Spatzen sehr widerstandsfähig sind. Durch die Spatzen wollten sie an ihren neuen Wohnorten die Erinnerung an ihre Heimat erhalten.

Solche Fähren brachten früher Einwanderer in die USA. Manche von ihnen hatten Sperlinge dabei, da sie diese Vögel auch in ihrer neuen Heimat nicht missen wollten.

Weidensperlinge legen ihre Nester oft in großen Kolonien an

Beim Rostsperling aus Afrika brütet jedes Paar für sich allein, aber fast alle anderen Arten sind gesellig und bauen ihre Nester oft in Nachbarschaft zueinander. Vor allem früher gab es bei manchen Arten sogar riesige Kolonien mit Dutzenden von Nestern in einem einzigen Baum, wie beim Weidensperling.

Viele Arten der Sperlinge sehen unseren Haus- und Feldspatzen ziemlich ähnlich. Beim flüchtigen Hinschauen würdest Du vielleicht nicht einmal bemerken, dass es sich um andere Sperlingsarten handelt. Einige Arten dagegen haben ein deutlich anderes Aussehen. Manche davon sind sogar sehr farbenfroh! Ein paar besonders schöne oder interessante Sperlinge möchten wir Dir hier in Bildern vorstellen.

Pärchen des Rostsperlings dagegen brüten für sich alleine

Das Männchen des Kapsperlings ist besonders bunt und kontrastreich gefärbt

Das Männchen des **Kapsperlings** aus dem Süden Afrikas ist besonders kontrastreich gefärbt.

Ursprünglich lebten diese Sperlinge vor allem in Savannen sehr trockener Regionen. Allerdings brauchen sie regelmäßig Trinkwasser und entfernen sich daher nie allzu weit von Wasserstellen.

Nach und nach schlossen sich die Vögel aber auch dem Menschen an und drangen selbst in Städte vor. Ein großes Problem ist, dass die Kapsperlinge seit einigen Jahrzehnten zudem Weinberge besiedeln. Indem sie dort die Trauben fressen, richten sie enorme Schäden an. Auch Samen und die Knospen von Obstbäumen verzehren sie. Du kannst Dir sicher denken, dass sie deshalb bei Landwirten nicht besonders beliebt sind.

Eine Besonderheit dieser Art ist, dass die Vögel sich manchmal Insekten mit einem kurzen Jagdflug direkt aus der Luft schnappen.

Weibliche Kapsperlinge dagegen sehen recht unscheinbar aus

Männchen des **Jemen-Goldsperlings** und des **Braunrücken-Goldsperlings**, die Du auf den Bildern dieser Seite siehst, zeigen ein leuchtend gelbes Federkleid. Der Braunrücken-Goldsperling besiedelt eine weite Region von Ost- bis Westafrika. Hier findet man ihn vor allem in sandigen Trockensavannen, in denen nur spärlich Dornbüsche und Bäume wachsen. Wie der Kapsperling trägt er aber dafür Sorge, immer Zugang zu Wasserstellen zu haben. Und ebenfalls wie der Kapsperling hat er auch Felder und menschliche Siedlungen für sich erobert.

Normalerweise sind diese Vögel als kleine Trupps unterwegs, aber gegen Ende der Trockenzeit können sich mehrere hunderttausend, manchmal sogar bis zu eine Million Vögel dort versammeln, wo es noch genügend Nahrung und Wasser gibt. Auch Brutkolonien können sehr groß sein und über 50 000 Nester pro Quadratkilometer umfassen. Weil diese Art so schön ist, wird sie häufig als Ziervogel gehalten.

Hättest Du gedacht, dass so ein leuchtend gelber Vogel ein Sperling ist?

Braunrücken-Goldsperlinge leben in trockenen Regionen

Sehr hübsch in Weiß-Schwarz-Grau gekleidet ist der **Weißbürzel-Erdsperling**. Er besiedelt ein riesiges Verbreitungsgebiet in Gebirgsregionen Indiens, Tibets, Nepals sowie im Norden Chinas. Hier, auf grasigen und felsigen Ebenen zwischen etwa 4 000 und 5 000 Metern Höhe, sind Bäume eine Seltenheit. Sein Nest legt der Weißbürzel-Erdsperling darum oft in Bauen von Murmeltieren oder Pfeifhasen an. Im Gegensatz zu vielen anderen Sperlingsarten trifft man den Weißbürzel-Erdsperling meist alleine oder als Paar. Die Vögel sind recht scheu, aber solche Exemplare, die in Siedlungen oder hoch gelegene Klöster vorgedrungen sind, verlieren ihre Angst vor dem Menschen.

Weißbürzel-Erdsperlinge errichten ihr Nest oft in unterirdischen Bauen

In den kargen asiatischen Ebenen lebt es sich alleine oder als Paar am besten. Rivalen werden attackiert.

Hervorragend getarnt ist dieses Nest des Wüstensperlings in Nordafrika

Manchmal dringen Wüstensperlinge bis in die lebensfeindlichen Sanddünen vor

Der **Wüstensperling** besiedelt in meist kleinen Trupps oder als Paar Oasen und ausgetrocknete Flussläufe in Wüsten Nordafrikas, Turkmenistans und Usbekistans. In diesen sandigen Gegenden wachsen nur wenige Bäume und Sträucher. Neben Samen von Wüstenpflanzen frisst er auch viele Insekten und andere wirbellose Tierchen. Trotz seines Namens dringt er nicht weit in die eigentliche Wüste vor, sehr wohl aber in kleinere menschliche Siedlungen.

Männchen besitzen schwarze Zeichnungselemente, Weibchen fehlen diese. Seine Nester baut der Wüstensperling oft in die Horste großer Vogelarten, beispielsweise von Geiern. Er brütet aber auch in Höhlungen von Bäumen oder in Palmen.

Weibchen des Wüstensperlings fehlen die schwarzen Musterungen der Männchen

Heimische Sperlinge

In Deutschland, Österreich und der Schweiz leben drei Sperlingsarten: Haussperling, Feldsperling und in den Alpen auch der Schneesperling. Viele Menschen wissen gar nicht, dass es bei uns unterschiedliche Arten gibt. Für sie sehen alle Spatzen gleich aus. Wenn Du Dir die Vögel jedoch genauer anschaust, dann wirst Du sie bald unterscheiden können. Sie lassen sich an der Farbe ihres Federkleids und ihrer Größe bestimmen.

Nichts Salziges!

Brot und Brötchen vertragen erwachsene Spatzen offenbar, Jungvögel aber nicht: Sie können an salzhaltiger Nahrung sterben. Also verfüttere bitte niemals Chips, Salzstangen, Pommes oder ähnliche Lebensmittel!

Mit ein bisschen Übung kannst Du den Feldsperling und den Haussperling, der hier zu sehen ist, bald sicher unterscheiden

Der Haussperling

Weißlicher Wangenfleck, Kehle und Brust schwarz: Das ist ein männlicher Hausspatz.

Der Haussperling bewohnt ein riesiges Verbreitungsgebiet. Es erstreckt sich mit Ausnahme Italiens über fast ganz Europa bis weit nach Zentral- und Südasien sowie in den Norden Afrikas. Dass er darüber hinaus mittlerweile auch in etlichen anderen Regionen der Welt heimisch ist, hast Du bereits erfahren.

Haussperlinge werden etwa 15 Zentimeter groß. Männchen und Weibchen sind leicht zu unterscheiden. Das Männchen hat einen grauweißen Wangenfleck, eine schwarze Kehle und einen ebenso gefärbten Brustlatz. Seine Scheitelfedern sind aschgrau. Das Gefieder der Männchen ist auf dem Rücken dunkelbraun und mit schwarzen Streifen durchsetzt. Die Flügel besitzen je einen grauweißen Schulterstreifen. Das Gefieder der Weibchen dagegen ist mattbraun gefärbt und fein gezeichnet. Die Unterseite ist bei Männchen und Weibchen grau. Jungvögel sehen alle wie Weibchen aus.

Seit sie in den Städten heimisch geworden sind, haben Hausspatzen ihre Ernährung verändert. Überall, wo viele Menschen zusammenkommen, sind sie zu finden. An Markttagen, wenn viele Kinder und Erwachsene unterwegs sind, sitzen die Spatzen auf erhöhten Beobachtungsplätzen und warten darauf, dass etwas Fressbares auf den Boden fällt. Sie fliegen zwischen die Menschen, sichern sich hier ein Stückchen Brot, dort eine Krume von einer Brezel oder einem Brötchen. Selbst Speiseeis lassen sie sich schmecken, wenn einem Kind ein Stück von der Waffel fällt. Aus achtlos weggeworfenen Obstresten lösen sie mit ihrem Schnabel Stückchen, und um frisch frittierte Pommes, die aus einer übervollen Tüte fallen, wird heftig gestritten. Auch Wurst und Fleischstückchen verschmähen die Spatzen nicht. Allerdings müssen die Haussperlinge teils ihre Jungen mit diesen ungesunden Lebensmittelresten füttern, weil sie in der Stadt nur wenige Insekten finden.

Weibchen und Jungvögel sind mattbraun gefärbt und fein gezeichnet

Bei Jungvögeln (hier rechts im Bild) ist der Wangenfleck noch grau

Männchen und Weibchen unterscheiden sich beim Feldsperling kaum voneinander

Der Feldsperling

Dieser Vogel, der nicht so oft in Siedlungen zu sehen ist wie der Hausspatz, wird nun immer öfter Gast an Futterhäuschen im Garten. Angebotenes Futter in Form von Samen und Insekten nimmt er gern. Ein Paar, das regelmäßig unseren Garten besucht, lockt seine bereits größeren Jungen jeden Tag pünktlich um 18 Uhr zum Futterhaus. Wir sahen stets zwei Jungvögel, die von beiden Eltern gefüttert wurden – immer dicht zusammensitzend, entweder im Futterhäuschen oder auf einem alten Zaunpfahl.

Feldsperlinge sind etwas kleiner und schlanker als Hausspatzen. Äußerlich lassen sich die Geschlechter kaum unterscheiden. Die Vögel haben einen schwarzen Ohrenfleck, einen kastanienbraunen Scheitel und eine schwarze Kehle, ohne Brustlatz. Außerdem ist der weiße Ring um den Hals bei beiden Geschlechtern stärker ausgebildet als beim Haussperling-Männchen. Überhaupt sind sie klarer gemustert als Haussperlinge. Die Eier der Feldspatzen besitzen eine dunklere Farbe als die der Hausspatzen.

Felspatzen sind viel klarer gezeichnet als Hausspatzen

Der Schneesperling

Nur wenige wissen, dass bei uns noch eine dritte Sperlingsart lebt: der Schneesperling. Er kommt in den Gebirgslagen der Alpen ganz im Süden Deutschlands vor, ebenso in der Schweiz und in Österreich. Auch andere Gebirgsregionen Europas und Asiens besiedelt er. Früher wurde diese Art auch Schneefink genannt, aber mit den Finken ist sie gar nicht verwandt.

Hier tragen Schneeammer (links) und Schneesperling (rechts) einen Zwist aus

Der Schneesperling wird bis zu 19 Zentimeter lang, also ein ganzes Stück größer als der Hausspatz. Nur seine Flügelspitzen sind schwarz, ansonsten sind die Flügel weiß. Auch der Schwanz ist weiß, lediglich der untere Rand und die beiden innersten Federn sind schwarz. Die Unterseite ist ebenfalls weiß, die Oberseite dagegen braun, der Kopf grau. Auffällig ist ein Färbungsunterschied zwischen den Jahreszeiten: Nur im Sommer ist ein dunkler Kehlfleck zu sehen, auch der Schnabel ist dann schwarz, im Winter dagegen beige. Weibchen erkennst Du daran, dass ihr Gefieder insgesamt blasser erscheint.

Wie auch Feldsperling und Haussperling ernährt sich der Schneesperling von Insekten und Sämereien. Wo im Winter viele Menschen unterwegs sind, zum Beispiel auf Hütten an Skipisten, sucht er, wie seine Verwandten aus dem Tiefland, furchtlos nach heruntergefallenen Essensresten. Sein Nest baut er in Felsspalten, manchmal aber auch in Bauen von Nagetieren.

Der Schneesperling besiedelt in Deutschland, Österreich und der Schweiz die Gebirgslagen der Alpen

Besonders viel und hochwertiges Futter brauchen Spatzen, um ihre Jungen aufzuziehen

Die Speise der Spatzen

In diesem und den folgenden Kapiteln wenden wir uns ganz unseren beiden häufigsten Sperlingsarten zu, Haussperling und Feldsperling. Ursprünglich bestand die Nahrung dieser beiden Arten aus Samen und Insekten, die sie in Gräsern und auf Feldern finden konnten. Für die Aufzucht ihres Nachwuchses sind Insekten und ihre Larven wie Raupen notwendig, außerdem Würmer und andere kleine Tierchen. Die Elternvögel brauchen während der anstrengenden Brutpflege ebenfalls Insekten, da diese über einen hohen Eiweißgehalt verfügen. Das wird als proteinhaltige Nahrung bezeichnet.

Feldspatzen lieben die Samen von Pflanzen, die heute meist selten geworden sind, beispielsweise von Kanariensaat oder Glanz (das sind Süßgräser, die zwei Meter hoch werden können), Raps, Gelber Hirse, Roter Hirse, Hafer, Hanf, Flachs und verschiedenen kleinen Gräsern.

Insekten liefern den Sperlingen hochwertiges Eiweiß

Lecker wäre die Heuschrecke ja schon, aber wohl doch eine Nummer zu groß

Samenmischungen

Da manche der Nahrungspflanzen von Sperlingen in der Natur selten geworden sind, werden sie von Fachleuten gezüchtet. Samenhäuser verkaufen die geernteten Samen und stellen Mischungen her, die wir dann zum Beispiel als Waldvogelfutter kaufen können.

Bitte kein Gift!

Warum sind viele Nahrungspflanzen heute so selten geworden? Gegen die sogenannten Unkräuter, also beispielsweise wild zwischen Getreide wachsende Pflanzen, verwendet man Pflanzenschutzmittel. Diese sind auch als Schädlings- und Unkrautbekämpfungsmittel bekannt. Man füllt sie in große Tanks, die von einem Traktor auf die Felder gezogen werden. Dort wird der Inhalt der Tanks auf die Nutzpflanzen gesprüht, zum Beispiel Getreide, Kartoffeln, Tomaten, Erdbeeren und so weiter. Dadurch sollen unerwünschte Insekten und Pflanzen vernichtet werden, damit die angebauten Nutzpflanzen optimal wachsen können.

Von dieser Behandlung mit Bekämpfungsmitteln sind aber nicht nur schädliche Insekten betroffen. Auch viele Insekten, die Nektar und Pollen sammeln, sterben davon, beispielsweise Käfer, Honigbienen und Wildbienen wie Hummeln. Pollen ist Blütenstaub und besteht aus winzigen Körnchen.

Die vielen Gifte, die vor allem auf Feldern versprüht werden, sind eine Katastrophe für Insekten, aber auch viele andere Tiere, darunter Vögel

Sie bleiben an Insekten haften und werden durch sie zur nächsten Blüte transportiert. Dort bleiben sie in der Blüte hängen und sorgen für die Bestäubung. Bestäubte Pflanzen können anschließend Früchte und Samen bilden. Werden solche Bestäuber-Insekten jedoch durch Gifte getötet – wer bestäubt dann die Pflanzen? Fehlen die Bestäuber, können sie auch keine Samen bilden, und wenn es weniger Insekten und andere kleine wirbellose Tiere wie Spinnen gibt, finden Vögel kaum Nahrung.

Schädlings- und Unkrautbekämpfungsmittel vernichten also Unkraut und Insekten, und das führt dazu, dass Feldspatzen Hunger leiden und keinen Lebensraum mehr finden. Die Feldspatzen suchen dann Zuflucht in den Gärten. Dadurch werden sie gezwungen, mit einem kleineren Lebensraum auszukommen. Dort können sie sich nicht mehr so erfolgreich vermehren wie in der freien Natur, und ihre Anzahl nimmt ab.

Vergiftete Spatzen

Nicht nur Insekten sterben durch die Bekämpfungsmittel, sondern diese gefährden auch die Spatzen selbst: Wissenschaftler fanden solche Giftstoffe schon an ihrem Gefieder. Die Gifte können zu Schäden des Nervensystems führen.

Gift muss nicht sein!

An Rosen wirst Du fast immer Blattläuse finden und auch Ameisen, denn diese trinken die süßen, zuckerhaltigen Ausscheidungen der Blattläuse. Diese Ausscheidungen, die klebrig sind, nennt man Honigtau. Oft werden Rosenpflanzen krank, weil sich Pilze in den klebrigen Rückständen ansiedeln. Viele Gartenbesitzer verwenden daher leider Gift gegen Blattläuse. In naturnahen Gärten dagegen sammeln Sperlinge und nützliche Insekten die Blattläuse begeistert ab.

In unserem Garten befinden sich mehrere Kletterrosen, eine Strauchrose und eine sogenannte Rambler-Rose, die an einem alten Apfelbaum bereits eine Höhe von fast fünf Metern erklommen hat. Diese Rosen werden auf natürliche Weise von Blattläusen befreit, denn die Entwicklungszeit der Blattläuse fällt in die Brutzeit der Spatzen. Dann ist ein reger Flugverkehr in Richtung Rosen festzustellen. Haus- und Feldspatzen sammeln die in fast jeder Rosenpflanze lebenden Blattläuse ab. Dabei verspeisen sie auch viele Ameisen mit, die sich bei den Blattläusen befinden.

Es muss also gar nicht immer Gift sein, um Blattläuse loszuwerden. Diese Gifte töten auch Spinnen, Käfer, Fliegen und andere Krabbeltiere, die in den Rosen unterwegs sind und die unsere Spatzen zum Fressen gernhaben. Angeblich sind die Gifte, die man kaufen kann, „bienenfreundlich“. Das bedeutet, dass keine Bienen davon getötet werden. Warum aber sind dann immer weniger Bienen unterwegs? Wenn jeder Gartenbesitzer mit Gift gegen Insekten vorgeht, dann sind die Gärten bald ebenso ohne Leben wie die Felder.

Artenreiche Wiesen locken Insekten an, von denen sich nicht nur Spatzen ernähren

Eine Honigbiene bestäubt eine Malvenblüte

Heuschrecken fühlen sich in naturnahen Gärten wohl

Neben Bienen zählen Schwebfliegen zu den wichtigsten Bestäubern

In unserem Garten leben viele Insekten, weil wir für sie eine Blumenwiese angelegt haben. Wir freuen uns über viele Arten von Bienen und Hummeln, die sich dort Nektar und Pollen holen. Schmetterlinge kommen ebenfalls in unseren Garten. Nachtfalter können wir abends beobachten. Wenn man einen Teil seines Zierrasens opfert und das Gras wachsen lässt, dann sind plötzlich mehrere Arten von Heuschrecken zu sehen. Im hohen Gras leben

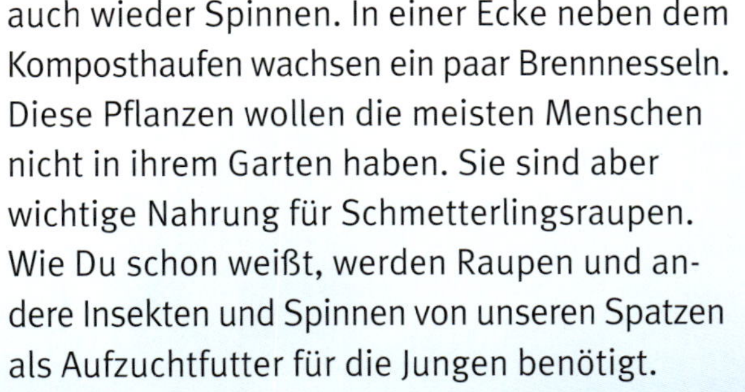

auch wieder Spinnen. In einer Ecke neben dem Komposthaufen wachsen ein paar Brennnesseln. Diese Pflanzen wollen die meisten Menschen nicht in ihrem Garten haben. Sie sind aber wichtige Nahrung für Schmetterlingsraupen. Wie Du schon weißt, werden Raupen und andere Insekten und Spinnen von unseren Spatzen als Aufzuchtfutter für die Jungen benötigt.

Spatzen brauchen naturnahe Gärten!

Spatzen kann man helfen, indem man Gärten nicht nur mit kurz gemähtem Rasen und Kiesflächen gestaltet, sondern als Wiesen mit Gräsern und Blumen – dort finden sie Nahrung in Form von Samen und Insekten.

Wo Hausspatzen wohnen

Eine solche Röhre nehmen Hausspatzen gerne an, um darin ihr Nest zu bauen

Ihr Nest legen Sperlinge zwar manchmal auch frei beispielsweise in der Astgabel eines Baumes oder Busches an, aber lieber in engen Nischen oder Höhlen. Das können beispielsweise Hohlräume unter Dachziegeln oder Spalten in Mauern sein. Gerne nehmen sie auch Nistkästen an oder nutzen alte Schwalbennester. Manchmal bauen sie ihr Nest sogar im großen Horst, also dem Nest, eines Storchenpaars.

Das Hausspatzen-Männchen beginnt mit dem Bau, aber vor allem gegen Ende hilft auch das Weibchen mit. Beim Feldsperling bauen beide Partner fleißig am Nest. Ein Spatzennest ist meist kugelig. Durch einen Eingang an der Seite gelangen die Elternvögel hinein. Manchmal ähnelt das Nest auch einer Schüssel. Besonders ordentlich ist es nicht gebaut, aber es erfüllt seinen Zweck. Wichtig ist, dass es innen mit Federchen und anderem weichen Material gepolstert ist.

Manchmal kannst Du beispielsweise an einem Nistkasten beobachten, wie Spatzen Nistmaterial bringen, das länger ist als sie selbst. Sie ziehen es durch die Einflugöffnung hinter sich her, bis es sich komplett im Kasten befindet. Dabei müssen sie aufpassen, dass nicht ein längeres Teil aus dem Einflugloch herausragt. Das könnte sonst ein anderer Spatz als Einladung verstehen, sich das herausragende Teil für sein eigenes Nest zu stibitzen. Wenn der Eigentümer noch im Kasten ist, dann greift er einen solchen Dieb sofort an und verjagt ihn. Oft zeigt heraushängendes Nestmaterial auch eine Spatzenwohnung an Häusern an.

Mit weichen Materialien polstern sie das Nest aus

Ein Nest für Spatzen

Als Nistmaterial sammeln Spatzen Grashalme, Blätter, Stroh, Federn und ungeöffnete Blütenrispen von Sträuchern oder Stauden. Es ist erstaunlich, wie geschickt sie unreife Blütenrispen mit ihrem Schnabel von Stauden abschneiden können. Dann fliegen sie mit dem Material im Schnabel zu dem Ort, an dem sie ihr Nest bauen möchten. Das Nistmaterial suchen sie in der direkten Umgebung.

Auch unter Hohlräumen von Dachziegeln können Hausspatzen ihr Nest anlegen

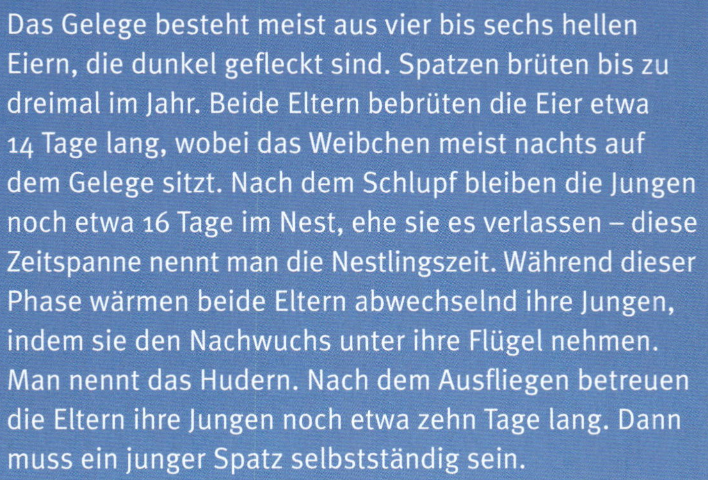

Das Gelege besteht meist aus vier bis sechs hellen Eiern, die dunkel gefleckt sind. Spatzen brüten bis zu dreimal im Jahr. Beide Eltern bebrüten die Eier etwa 14 Tage lang, wobei das Weibchen meist nachts auf dem Gelege sitzt. Nach dem Schlupf bleiben die Jungen noch etwa 16 Tage im Nest, ehe sie es verlassen – diese Zeitspanne nennt man die Nestlingszeit. Während dieser Phase wärmen beide Eltern abwechselnd ihre Jungen, indem sie den Nachwuchs unter ihre Flügel nehmen. Man nennt das Hudern. Nach dem Ausfliegen betreuen die Eltern ihre Jungen noch etwa zehn Tage lang. Dann muss ein junger Spatz selbstständig sein.

Bis es aber so weit ist, sind einige Hindernisse für die Spatzenfamilie und vor allem für die Jungen zu überwinden. Stell Dir vor, Du würdet in einem Nest 15 Meter über einer Straße sitzen und könntest über den Nestrand schauen.

Blick ins Nest von Hausspatzen. Die Eier sind dunkel gefleckt.

Die Jungen haben mächtig Hunger und brauchen viel eiweißreiches Futter

Wenn sie erst einmal erwachsen sind, erweisen sich Haussperlinge als hervorragende Flieger

Die jungen Spatzen müssen beim Ausflug eine solche verkehrsreiche Straße dann überqueren. Die Höhe von etwa 15 Metern ist nicht erschreckend für die kleinen Vögel, denn sie können bereits fliegen, wenn sie das Nest verlassen. Wie alle Jungvögel trainieren auch die Spatzen ihre Flugmuskulatur, bevor sie noch etwas unsicher in die Tiefe springen und zu fliegen beginnen. Innerhalb eines Tages verlassen alle Jungvögel das Nest, um möglichst zusammen an einem von den Eltern ausgewählten Ziel anzukommen. Das sind im Fall der Spatzen, die in unserer Nachbarschaft brüten, das gegenüberliegende Haus und der Garten.

Wir freuen uns in jedem Frühjahr, wenn die jungen Spatzen mit ihren Eltern in unserem Garten eintreffen. Wir wissen, wo sie herkommen, denn die Eltern haben bei uns an den Vogelhäusern Futter geholt, um ihren Nachwuchs satt zu bekommen. Wir konnten beobachten, wie sie mit dem

Ausblick aus einem Spatzennest auf das Haus gegenüber. Das Dach, die Büsche und Bäume seitlich und dahinter sind die ersten Landeplätze für die Jungen.

Die Mutter kommt angeflogen. Der Jungvogel ruft laut, um auf seinen Hunger aufmerksam zu machen. Dabei bewegt er zitternd seine Flügel.

Schnabel voller Mehlwürmer unter das Dach des Hauses gegenüber flogen und viele Male am Tag wiederkehrten, um neues Futter aufzunehmen.

Dabei fällt uns seit ein paar Jahren ein Weibchen auf, das wir „Abstehende Feder“ nennen. Dieser Vogel hat nämlich am linken Flügel eine Schwungfeder, die deutlich vom Flügel absteht. Als wir das Weibchen zum ersten Mal sahen, dachten wir, es sei in der Mauser. Als Mauser bezeichnet man den jährlichen Wechsel des Federkleids der Vögel: Die Federn nutzen sich ab und werden durch neue ersetzt. Jungvögel mausern sich ebenfalls. Die Natur hat es so eingerichtet, dass die Jungvögel bis zum Eintritt der kühleren Jahreszeit ein vollständig neues Gefieder haben. Bei unserer „Abstehenden Feder“ wächst die abstehende Schwungfeder am Flügel jedoch wieder genauso abstehend nach! Fotos von diesem Vogel findest Du Seite 43 und Seite 46.

In diesem Alter sind die Jungvögel zwar schon dazu in der Lage, sich selbst zu ernähren. Aber hier war der junge Vogel mit seinem Betteln noch erfolgreich.

Die erwachsenen Vögel zeigen den Jungen im Steingarten, wo man etwas Fressbares finden kann

Wo Feldspatzen wohnen

Mehlschwalbennest mit runder Einflugöffnung. So wohnen Schwalben.

Feldsperlinge haben dieses Nest in Besitz genommen und die Öffnung erweitert.

Feldspatzen wohnen in der Natur und in Gärten gerne in Hecken. Sie bevorzugen sogenannte Feldgehölze, zu denen Hainbuche, Esche, Bergahorn, Schlehe, Holunder, Weißdorn und Birke gehören. Gärten sind nicht der natürliche Lebensraum der Feldsperlinge und zudem viel kleiner als ihre Felder mit den Waldrändern. Sie sind aber wie ihre Verwandten, die Haussperlinge, sehr anpassungsfähig und haben sich ihren Platz in der Nähe der Menschen erobert, weil sie auch veränderte Nahrungsangebote und Nistmöglichkeiten annehmen können.

Sicher hast Du schon Häuser gesehen, die mit Efeu bewachsen sind. Diese dichten Rankenpflanzen schützen die Vögel vor Fressfeinden wie Habicht und Sperber oder der Hauskatze. Wir beobachten, dass Haus- und Feldspatzen abends in der Dämmerung gemeinsam Schlafplätze auch in Thuja-Hecken aufsuchen. Dann hört man sie noch eine Weile tschilpen. Wandbegrünungen aus Wildem Wein, Efeu, Pfeifenwinden oder Waldreben (*Clematis*) nutzen sie als Schlafplätze. Feldspatzen bauen auch ihre Nester darin, wenn sie keine Nistgelegenheiten in Mauern oder in Hecken finden.

Manchmal erobert ein Feldspatzen-Paar ein Schwalbennest. Dann sieht man die Spatzen regelmäßig mit den umherfliegenden Schwalben unter dem Dach verschwinden, wo sie das von Schwalben erbaute Nest besetzt haben. Wenn an Schwalbennestern die Einflugöffnung erweitert wurde, dann deutet das auf einen Feldsperling hin, der das aus Lehmkügelchen gebaute Schwalbennest in Besitz genommen hat.

Nistkasten? Gerne!

Nicht nur spezielle Nistkästen für Sperlinge nehmen Feld- und Hausspatzen an. Sie prüfen auch gerne mal, ob beispielsweise gewöhnliche Nistkästen für Meisen ihnen ein Zuhause bieten können.

Unermüdlich schaffen die Eltern Futter für die hungrigen Jungen heran

Spatzen unter dem Dach

Genau wie Haussperlinge brüten inzwischen auch Feldsperlinge immer öfter in Gebäuden, die geeignete Hohlräume in Mauern oder unter einem Dach aufweisen.

Bei Kälte plustern sich Sperlinge auf. Das Luftpolster zwischen den Federn hält sie warm.

Gute Nacht!

Spatzen schlafen natürlich nicht nur in Wandbegrünungen. Man sagt, dass sie ihre Schlafbäume haben. Tagsüber sind die geselligen Vögel meist in größeren Gruppen zusammen und halten auch gemeinsam eine Mittagspause ein. Im Sommer ziehen sie sich in dicht belaubte Buchen-, Ahorn-, Kirsch- oder Apfelbäume in den Gärten zurück. Dort sind sie vor ihren Feinden geschützt. Dann kannst Du hören, wie sie auch abends noch eine Weile tschilpen, bevor sie Ruhe halten.

Bei uns benutzen sie drei große Bambusbüsche und eine ausladende Waldrebe (*Clematis*) zum Schlafen. Wenn der Herbst kommt, fallen die Blätter von den Bäumen. Dann müssen sie sich neue Schlafplätze suchen, denn kahle Bäume bieten ihnen keinen Schutz mehr vor Kälte und Feinden. Wenn die Waldrebe ihre Blätter abgeworfen hat, dann bleiben bei uns nur die Bambusbüsche und der immergrüne Efeubewuchs als Schlafplätze übrig. Im Garten eines Nachbarn steht ein großer, alter Nussbaum, der mit Efeu fast ganz überwuchert ist. Dieser große Baum ist zwar auch im Sommer Schlafplatz für viele Spatzen. Im Spätherbst aber können wir beobachten, wie immer mehr Spatzen abends diesen alten Baum anfliegen, um darin zu übernachten.

Feldspatzen benutzen auch Nistkästen zum Schlafen. Manchmal ruhen mehrere Vögel über Nacht zusammen in einem Nistkasten, um sich gegenseitig zu wärmen. Wenn Du ein guter Beobachter bist, dann findest Du schnell heraus, ob Spatzen in Deinem Garten schlafen.

Der große, alte Nussbaum, ein Schlafbaum

Im Efeubewuchs an hohen Gebäuden nisten viele Vögel

Unter den Schlafplätzen der Spatzen findest Du ihre Häufchen. Hier sind sie auf den unteren Blättern der Waldrebe zu sehen.

Nächtliche Ruhestörung

Viele Menschen haben in der dunklen Jahreszeit Lichter in ihren Gärten. Das sieht zwar schön aus, aber blinkende Lichterketten in der Nähe von Schlafbäumen stören nachts nicht nur Vögel. Ein Vogelfreund schaltet darum seine Adventsbeleuchtung nachts aus und lässt die Vögel schlafen ...

Clevere Spatzen

Vom Tisch der Menschen fällt so einiges für Spatzen ab; leider ist das meiste nicht gesund für sie ...

Manchmal können Spatzen ganz schön forsch werden

Spatzen sind sehr gesellige Vögel, deren Zusammenleben sich in größeren Gruppen abspielt. Feld- und Hausspatzen zeigen ein sehr ähnliches Verhalten. Sie finden sich zur Nahrungsaufnahme, zum Sandbaden und Wasserbaden zusammen und verbringen auch ihre Ruhe- und Schlafpausen gemeinsam. Bei all ihren Aktivitäten halten sie gemeinschaftlich Ausschau, um sich gegenseitig vor Feinden warnen zu können. Gemeinsam ziehen sie auch solche schon ausgeflogenen Jungvögel auf, deren Eltern durch Feinde oder ein Unglück umgekommen sind.

Wenn Du mit Deinen Eltern im Zoo oder in einem Freizeitpark Mittagspause machst, kannst Du beobachten, wie schlau die kleinen Vögel sind. Sie wissen, dass gut gelaunte Menschen ihnen immer etwas von ihrem Essen abgeben. Es gibt aber auch Gäste, die aus „hygienischen Gründen“ Spatzen nicht in Gartenwirtschaften sehen wollen und sie verscheuchen. Dann suchen sie sich Familien mit Kindern aus, weil sie gelernt haben, dass dort immer etwas für sie abfällt.

Im typischen Spatzengang auf dem Boden hopsend, nähern sie sich sehr wachsam dem Tisch. Sie warten, bis ihnen kleine Stückchen Brot, Kartoffeln, Pommes, Brötchen, Brat- oder Currywurst zugeworfen werden – wobei Du schon weißt, dass Du zumindest in der Zeit, wenn die Tiere Jungvögel aufziehen, nichts Salziges verfüttern solltest. Wenn sich mehrere Familienmitglieder an der Fütterung beteiligen, nimmt die Anzahl der wartenden Spatzen zu. Sie kommen nach einer gewissen Zeit immer näher an die Menschen heran, die sie füttern. Man sagt

Spatzen sind ebenso gesellige wie clevere Vögel

dazu auch: Sie verkürzen ihre Fluchtdistanz, weil sie wissen, dass ihnen nichts zuleide getan wird. Als Fluchtdistanz wird der Abstand bezeichnet, den Tiere vor Gefahren einhalten.

Ein Schwarm Spatzen wartet hier darauf, gefüttert zu werden

Manchmal fliegen ganz Mutige auf einen Tisch und schnappen sich ein vom Teller gefallenes Stückchen. Dann sagen Menschen überrascht: „Guck doch mal, diese frechen Spatzen!" Sind Spatzen frech oder mutig? Wir meinen, dass sie einfach clever sind. Sie sind in der Lage abzuschätzen, was für sie vorteilhaft und was gefährlich ist. Solchen Menschen, die sie lange kennen, fliegen sie sogar auf die Hand, um sich dort Futter zu holen.

Bei uns im Garten nähert sich uns nur „Abstehende Feder" im Flug bis auf Armlänge, alle anderen halten eine größere Fluchtdistanz ein. „Abstehende Feder" fliegt ohne Scheu zum Futterhaus, wenn wir weniger als zwei Meter entfernt stehen bleiben und ihr den Rücken zuwenden. Spatzen erkennen ihre menschlichen Freunde genau. Dagegen fliehen „unsere Spatzen", sobald ein Fremder den Garten betritt. Interessant ist auch, dass Spatzen meinen großen Hut kennen und so lange sitzen bleiben, bis sie bemerken, dass ich sie anschaue. Dieses Verhalten wird auch von Naturfotografen beschrieben. Sie nennen es Gesichtskontakt. Wird ein Spatz nämlich angeschaut, so fühlt er sich entdeckt – und das kann in der Natur immer Gefahr bedeuten.

Schlaue Spatzen

Sperlinge verfügen über sogenannte kognitive Fähigkeiten. Das bedeutet: Sie können nicht nur wahrnehmen und erkennen, sondern auch Bewegungsabläufe sowohl im Flug wie auf der Erde, auf Bäumen, beweglichen Sitzgelegenheiten oder Mauersimsen erlernen. Das Erlernte können sie als Erfahrung speichern. Oder anders ausgedrückt: Spatzen sind ganz schön clever! Wer also abfällig jemanden als „Spatzenhirn" bezeichnet, wusste offensichtlich nicht, wie intelligent Spatzen sind!

Von Wächtern und Katzen

Über das Verhalten von Spatzen ist schon sehr viel geschrieben worden, weil Forscher sich bereits lange mit ihnen beschäftigen. Auf diese Weise haben wir gelernt, dass sie über ein ausgeprägtes Sozialverhalten verfügen, also gesellig sind und sehr anpassungsfähig. Mit zwei Beispielen möchten wir schildern, wie sich diese Vögel auf verschiedene Situationen einstellen können.

In unserem Garten am Rande der Terrasse befindet sich ein Beet mit Wald-Frauenfarn. Das ist eine Pflanze, die bis zu einem Meter hoch werden kann. In diesem Farnbeet lauerte öfter eine Katze, die aber meistens von den Spatzen schon entdeckt wurde, wenn sie sich im Farn versteckte. Spatzen platzieren Aufpasser, wenn sie eine Futterstelle gefunden haben, und diese Wächter warnen mit bestimmten Rufen die an der Futterstelle beschäftigten Vögel vor Gefahr. Wenn diese satt sind, fliegen sie auf die „Wachstationen", um die Wächter abzulösen, damit auch die fressen können.

Vorsichtig schaut der Spatz, ob die Luft rein ist oder ob Gefahr droht

Bei uns werden die Wachstationen auf einem Ahornbaum, einer Thuja (einem Lebensbaum) und auf unserem Hausdach eingenommen, obwohl die Vögel an unser Futterhaus gewöhnt sind, das seit mehreren Jahren nicht weit von diesem Farnbeet steht.

Eines Morgens betraten wir die Terrasse und wunderten uns über das aufgeregte Tschilpen der Spatzen, die aber nicht wie sonst das Futterhaus anfliegen wollten, nachdem wir es mit neuem Futter aufgefüllt hatten. Als wir die Terrasse verlassen hatten, flogen die Vögel immer wieder aus verschiedenen Richtungen über den Farn, mieden aber das Futterhaus. Daraufhin gingen wir erneut auf die Terrasse und spritzten dort mit dem Wasserschlauch direkt

Sperlinge sind stets wachsam

in das Farnbeet und die benachbarten Büsche. Sofort sprang die Katze unter Fauchen und mit einem gewaltigen Satz aus ihrem Versteck und verschwand mit einem weiteren Sprung über Nachbars Zaun auf dessen Grundstück. Nach ein paar Minuten kamen die Mutigsten unserer gefiederten Freunde zum Futterhaus, um zu frühstücken. Die Erste war wie immer die schon erwähnte „Abstehende Feder". Das Erstaunliche aber ist: Seit dieser Begebenheit warten die Spatzen jeden Morgen darauf, dass wir die Spritzaktion wiederholen. Erst danach kommt oft ein ganzer Trupp im Futterhaus zusammen.

Trotz aller Aufmerksamkeit der Spatzen kann es passieren, dass Feinde wie frei laufende Katzen zuschlagen

Die Katze ist ein Raubtier und ihr Instinkt leitet sie, Beute zu machen. Sie fängt Mäuse, Ratten, Maulwürfe, Eidechsen, Frösche und wenn sie einen Vogel entdeckt, dann versucht sie, auch ihn zu erwischen. Man kann Katzen nicht erziehen, das zu unterlassen. Darum sind frei laufende Katzen ein großes Problem für die heimische Tierwelt. Viele Katzenfreunde achten im Frühjahr auf ausgeflogene Jungvögel und stellen die Bodenfütterung ein paar Tage lang für alle Vögel ein, bis die Jungen sicher fliegen können.

Bemerkenswert ist auch, dass Haus- und Feldsperlinge auf meinen (Irmin) Pfiff hören. Wenn ich zum Gartenhaus gehe, um das Lebendfutter zu holen, pfeife ich – und kurz darauf kommen die Spatzen aus allen Richtungen angeflogen. Aber sie fliegen das Futterhaus noch immer erst an, wenn ich die erwähnte Spritzaktion durchgeführt habe. Anschließend stürzen sie sich auf das Futter. Das passiert schon unmittelbar hinter meinem Rücken, wenn ich mich vom Futterhaus entferne.

Manchmal geht es rund!

Streit gehört auch bei Spatzen manchmal mit dazu

Man sagt Spatzen nach, sie seien aggressiv und futterneidisch. Aber ist das wirklich so? Wenn ein Schwarm in der Natur auf einem frisch eingesäten Feld landet, dann neidet keiner der Vögel dem anderen ein Körnchen. Sie fressen sich satt, friedlich nebeneinander herhopsend. An kleinen Futterspendern hingegen, aus denen die Vögel sich die Körner holen müssen, geraten die Vögel in Streit, denn: Ein Landeplatz für nur fünf Spatzen ist zu klein. Wie Du ja schon weißt, sind Spatzen immer in Trupps unterwegs. Diejenigen Vögel, die an der Futterstelle fressen, werden von anderen anfliegenden Spatzen verjagt. Dann kämpfen sie um den Futterplatz.

Wir beobachten oft, dass unsere „Abstehende Feder“ bei solchen Streitereien zum Chef wird. Nie geht ein Streit von ihr aus und es kommt selten dazu, wenn nur Weibchen nebeneinander fressen. Fliegt ein streitsüchtiges Männchen in die auf dem Futternapf sitzende Gruppe und verjagt zwei oder drei Vögel, dann bleibt „Abstehende Feder“ sitzen. Nicht selten sträubt sie die Kopffedern, sperrt drohend den Schnabel auf und faucht den Frechling an. Wenn der sich nicht beruhigt, dann verjagt sie ihn. Sie greift ihn mit Flügelschlägen und Tritten mit ihren Füßen an und hackt mit ihrem Schnabel nach ihm. Auch ein besonders kampflustiges Feldsperling-Männchen wurde von ihr auf diese Weise vertrieben.

Nicht nur bei den Spatzen, auch bei anderen Vögeln gibt es Streit ums Futter, wenn die Brutzeit und die Nestlingszeit gekommen sind. Die Altvögel, das sind die Erwachsenen, haben Stress. Sie sind den ganzen Tag unterwegs, um Futter für ihre Jungen zu finden und sich selbst zu ernähren.

Dieses Verhalten wird dann von uns Menschen als Streitsucht und als Futterneid angesehen. Es wird aber überhaupt erst dadurch ausgelöst, dass wir den Spatzen so kleine Futterstellen anbieten! Du kannst beobachten, dass es an einem sehr geräumigen Futterhaus viel seltener oder gar nicht zu solchen Auseinandersetzungen kommt. Die Vögel fressen

Kampf um Futter

Wenn viele Spatzen oder andere Vögel eine zu kleine Futterquelle in einem Garten anfliegen, dann kommt es zu Auseinandersetzungen. Alle Elternvögel wollen Futter für ihre Jungen holen. Ihr Instinkt treibt sie dazu, sich an Futterstellen rücksichtslos für ihren Nachwuchs einzusetzen. Instinkt nennt man das angeborene Verhalten, das ihre Art erhalten soll. Männchen sind rücksichtsloser als Weibchen.

Feldspatz oben und Hausspatz-Weibchen unten: „Verschwinde!“

„Aua!“ Zwei Haussperling-Weibchen verjagen einen Feldspatz.

„Hallo, ich bin ‚Abstehende Feder‘ und ich habe hier etwas zu sagen!“

friedlich miteinander und wehren rücksichtslose Drängler gemeinsam ab. Zu spät gekommene Vögel erhalten ihren Anteil, sobald wieder mehr Platz im Futterhaus ist. Futterspender sind natürlich in der Stadt dort notwendig, wo kein Platz für ein größeres Futterhaus vorhanden ist. Die Spatzen lernen schnell, sich auch von dort ihre Körnchen zu holen.

Nach dem Ausfliegen dürfen Jungvögel ihre Eltern zu größeren Futterhäuschen begleiten, um dort gefüttert zu werden. Die Eltern zeigen ihnen den Weg zum Häuschen, den sie sich merken sollen. Die Vögel verhalten sich bei solchen Fütterungen friedlich.

Auch gegenüber gleich großen anderen Vögeln wie diesem Grünfinken sind Spatzen nicht schüchtern

Helfen kannst Du Spatzen mit Futterstellen und einem naturnahen Garten

Sperlinge beobachten

Die beste Möglichkeit, Sperlinge und andere Vögel beim Fressen zu beobachten, bieten Futterhäuschen, Futtersilos und ähnliche Futterstellen. Die gibt es in verschiedenen Größen und Ausführungen zu kaufen. Je nach Entfernung leistet Dir ein Fernglas gute Dienste beim Beobachten der Tiere.

Hilfe für die Spatzen

Du kannst beiden bei uns häufigen Spatzenarten helfen und dabei viel Freude haben. Wenn Du sie und andere Vögel füttern möchtest, dann solltest Du eine Futterstelle einrichten. Vögel merken sich diese Stelle und besuchen sie regelmäßig. Fülle beispielsweise ein Drahtkörbchen mit Futterknödeln und hänge es in einem Baum auf. Anleitungen dazu, solche Knödel selbst herzustellen, gibt es reichlich im Internet. Man kann sie aber auch fertig als sogenannte Meisenknödel kaufen. Wenn Ihr einen größeren Garten habt, dann kannst Du mehrere solche Körbchen im Garten aufhängen.

Ein Futterhaus sollte von seinem Boden bis zu seinem Dach hoch genug sein, dass die Vögel aufrecht darin stehen können. Auch die Bodenfläche sollte groß genug sein, dass mehrere Vögel nebeneinander Platz finden. Die Dachstützen müssen weit genug angeordnet sein, dass die Vögel bei Gefahr

So bitte nicht: An Meisenknödeln mit Netzen können Vögel hängen bleiben und sich verletzen.

Spatzen fressen gern gemeinsam und benötigen genügend Platz zur Nahrungsaufnahme

Manchmal liegt ein Häufchen im Futterspender. Daher sollte er regelmäßig mit Wasser gereinigt und ab und zu desinfiziert werden.

flüchten können. Spatzen sind meist in Trupps zusammen und fressen gern gemeinsam. Deshalb eignen sich Mini-Vogelhäuschen nicht so gut für diese Vögel, weil sie dann mehrfach anfliegen müssen, um ein Körnchen zu bekommen. Das erzeugt Stress bei den Vögeln und sie verbrauchen im Winter sehr viel Energie durch das viele Flattern. Sehr hygienisch sind Futtersäulen, denn dort kann der Kot der Vögel nicht ins Futter fallen.

Beispielsweise kannst Du Dich im Internet über verschiedene Varianten von Futterhaus & Co informieren. Viele Naturschutz-Organisationen beraten Vogelfreunde und bieten auch Baupläne für Futterhäuschen an. Vielleicht magst Du ja mit Deinen Eltern zusammen eines selbst basteln? Auch Behindertenwerkstätten stellen Futterhäuschen her und verkaufen sie.

„Abstehende Feder“ frisst gemeinsam mit ihrem Männchen friedlich Mehlwürmer

Futterstellen im Jahreslauf

Wenn Du gut aufpasst, dann wirst Du bemerken, wann die Spatzen mit dem Füttern ihrer Jungen beginnen. Anfang April kann es sein, dass Euer Futterhaus besonders oft Besuch bekommt. Dann solltest Du damit beginnen, Lebendfutter oder tote Insekten anzubieten – diese kannst Du beispielsweise in Gartencentern und im Tierfutterhandel kaufen. Denn wie Du schon weißt, benötigen Spatzen während der Zeit der Aufzucht Insekten für ihre Jungen und sich selbst.

Wir bieten den Vögeln von April bis Ende Juli, das ist die Zeit, in der Spatzen Junge haben, verschiedene Futtersorten an: Wildvogelfutter mit getrockneten Insekten, Mehlwürmer, Wachsmaden und Meisenknödel mit Insekten. Wachsmaden sind die Larven von Motten, die als Jungvogelfutter empfohlen werden.

Wir beobachten, dass Altvögel manchmal fünf Mehlwürmer aufnehmen und damit an eine Stelle auf der Terrasse fliegen, wo sie ihre Beute auf der Erde ablegen. Dann zerbeißen sie die Köpfe der Würmer, sammeln die toten Insekten wieder auf und fliegen zu ihrem Nest. Meisenknödel werden in Plastiknetzen verkauft. Diese Netze solltest Du jedoch entfernen, weil Vögel mit den Füßen darin hängen bleiben und sich verletzen können. Praktischer sind Vorrichtungen, die sich mit mehreren Knödeln füllen lassen – die Vögel können sich sehr gut an den Gitterstäben festhalten.

Besser nur zum Angeln verwenden

Lebende Fliegenmaden, die man im Anglerbedarf kaufen kann, solltest Du nicht an Vögel verfüttern, weil sie besonders im Magen der Jungen Schaden anrichten können.

Wenn es kalt wird im Oktober, bekommen die Vögel geschälte Sonnenblumenkerne, Weizen und Erdnuss-Stückchen. Zu empfehlen ist auch Erdnussbutter, die als Vogelfutter hergestellt wird. Die Meisenknödel bieten wir das ganze Jahr über an. Wenn Du regelmäßig dafür sorgst, dass die Futterstellen und das Futterhaus gefüllt sind, dann kannst Du viele Spatzen und andere Vögel beobachten. Es gibt noch immer Menschen, die eine Fütterung das ganze Jahr über ablehnen. Auch nicht alle Naturschützer sind für die ganzjährige Fütterung. Sie wird aber mehr und mehr durchgeführt. Warum? Weil es, wie Du ja schon weißt, nicht mehr genügend Insekten und auch nicht genug Pflanzensamen für die Spatzen gibt.

Sehr gut geeignet sind Futterspender, bei denen die Vögel nicht direkt in der Nahrung sitzen können. Auf diese Weise wird sie nicht verschmutzt.

Wird das ganze Jahr über gefüttert, auch mit lebenden oder getrockneten Insekten, können die Sperlinge ihre Jungen leichter mit genügend Nahrung versorgen

Von wegen „Dreckspatz“!

Gärten in der Stadt ohne Vogelfutterhaus, ohne Nistkästen, ohne Futterkugeln in den Büschen oder Bäumen, ohne Stellen mit hohen Gräsern und heimischen Blütenpflanzen sind für Vögel lebensfeindliche Wüsten.

Wie oft hört man, dass man den „Dreck, den die Vögel machen“, nicht haben will. Ja, Vögel machen „Dreck“, aber noch viel mehr Freude! Außer unseren Spatzen kommen beispielsweise Blau- und Kohlmeise, Grünfink und im zeitigen Frühjahr der Erlenzeisig in großer Anzahl zu den Futterhäuschen.

Es gibt auch Vögel, die Futterhäuschen nicht besuchen. Die werden am Boden gefüttert, wie Du schon weißt. Viele Körner fallen auch um das Vogelhaus herum auf die Erde. Dazu kommen noch jede Menge Spelzen, die die Vögel zurücklassen, nachdem sie die Körner geschält haben. Dann keimen Gräser und Stauden unter dem Vogelhaus, die von den Vögeln unbeabsichtigt ausgesät wurden.

So ein Häufchen ärgert viele Menschen

Manche Menschen ekeln sich vor dem Kot und schimpfen, wenn ein Vogel mal „etwas" auf ihre Markise oder, schlimmer noch, auf den Gartentisch fallen lässt. Auch unser Zaun wird mit Kot „verziert". Wir finden es aber viel unangenehmer, in unserem naturnahen Garten regelmäßig auf die sehr viel größeren und übel riechenden Hinterlassenschaften von Katzen zu stoßen – zumal wir wissen, dass frei laufende Katzen ein riesiges Problem für die heimische Tierwelt darstellen, wie Du schon erfahren hast. Dagegen ist fast geruchloser Vogelkot wirklich nicht schlimm.

Statt sich über das bisschen Spatzenkot zu ärgern, das die Vögel hinterlassen, sollten wir uns freuen, dass sie unsere Gärten besuchen

Spatzentoilette?

Dass Sperlinge und andere Vögel ihren Kot auch dort hinfallen lassen, wo es uns nicht passt, liegt einfach in der Natur der Sache. Schließlich gibt es ja keine „Spatzentoilette" ...

Um ihre Parasiten zu bekämpfen, nehmen Spatzen Sandbäder. Mit dem Sand schütteln sie nämlich zumindest einen Teil dieser Plagegeister ab. Dann sehen sie verschmutzt aus und vielleicht kommt der von den Menschen erfundene Ausdruck „Dreckspatz“ von ihrer Angewohnheit, die lästigen Quälgeister durch Sandbäder aus dem Gefieder zu schütteln. „Na, du bist aber wieder ein Dreckspatz heute!“, bekommen Kinder manchmal zu hören, wenn sie vom Sport zurück sind. Das ist aber eher liebevoll und nicht böse gemeint.

Kinder gehen dann unter die Dusche – Spatzen baden gern in Pfützen oder in Vogelbädern, die im Garten für sie aufgestellt werden. Sie haben das Bedürfnis, sich sauberzuhalten.

Bei Regen sitzen sie manchmal auf einem Ast oder auf einem Dach, breiten die Flügel aus und duschen.

Fiese Plagegeiser

Spatzen leiden wie alle anderen Vögel auch unter blutsaugenden Milben, Flöhen oder Zecken, Lausfliegen und Federparasiten. Als Parasiten werden solche Lebewesen bezeichnet, die sich von lebenden anderen Lebewesen oder auf deren Kosten ernähren.

Mit ihrem Kot können Spatzen auch Krankheitserreger ausscheiden. Wenn Du ein Futterhaus betreust, musst Du Dir danach gut die Hände waschen, wenn Du mit Vogelkot in Berührung gekommen bist. Manchmal wird vor einer Vogelgrippe gewarnt, wenn häufiger tote Vögel gefunden werden. Solltest Du einen toten Vogel finden, fasse ihn nicht mit bloßen Händen an. Am besten nimmt man ihn mit einer Plastiktüte auf, wie man das mit Hundekot macht. Dann kann der tote Vogel in der Mülltonne entsorgt werden.

Ein Sandbad reinigt das Gefieder und befreit von Parasiten

Wenn Menschen scherzhaft sagen, „du kleiner Dreckspatz", dann ist das eigentlich ungerecht – denn Spatzen sind sogar sehr reinliche Vögel

Auch beim Sandbad lassen sich die geselligen Sperlinge oft gemeinsam beobachten

Ein Miniteich als Vogelbad

In unserem Garten befindet sich ein kleiner Teich mit einer Flachwasserzone. Wir haben ihn vor allem als Vogelbad und Vogeltränke angelegt. In der Flachwasserzone baden und trinken Vögel liebend gerne! Es bereitet sehr viel Freude, den Vögeln beim Planschen zuzuschauen. Die letzten Jungvögel der Hausspatzen sind etwa Mitte Juli so weit, dass sie „Badeunterricht" von ihren Eltern bekommen können.

Die Eltern rufen ihre Jungen zu sich und zeigen ihnen, wie man baden muss, um ein sauberer Spatz zu sein. Die jungen Vögel schauen zunächst zu, wie sich ihre Mama im Wasser bewegt. Sie müssen dann das Baden erlernen und konzentrieren sich dabei nur darauf. Daher würden sie vielleicht nicht bemerken, wenn ein Falke oder ein Sperber im Anflug wäre, um sie zu ergreifen. Einige erwachsene Sperlinge halten darum Wache. Die Jungvögel müssen auch erst lernen, dass sie mit nassem Gefieder nicht schnell fliegen können.

Nach dem Bad hüpfen die Spatzen gerne unter schützende Zweige, um dort ihr Gefieder zu trocknen. Das tun sie durch Ausschütteln, indem sie flattern und anschließend mit dem Schnabel die Federn kämmen.

An sonnigen Tagen können wir beobachten, dass sehr viele Spatzen im Garten erscheinen. Vielleicht sind es dreißig, vierzig oder sogar mehr Vögel, die auf dem Zaun und der Hecke zum Nachbarn landen. Das sieht aus, als ständen sie Schlange, um ins Freibad zu kommen. Sie warten, während die Jungvögel baden, und fliegen erst dann zum Wasser, wenn die Jungen wieder

Das Haussperling-Weibchen fordert zum Baden auf

Ein Jungvogel springt unter Bewachung zum Baden ins Wasser

Das Planschen macht Spatzen genau so viel Spaß wie uns!

„an Land" sind. Dann nehmen sie Rücksicht auf die im Wasser befindlichen Vögel und verteilen sich rund um den Miniteich, während auf Hecke und Zaun Wächter platziert werden, die sofort Alarm schlagen, wenn etwas sie beunruhigt.

Im Alarmfall erhebt sich der Schwarm unter lautem Gezeter und verschwindet zwischen den Häusern der Nachbarn. Wie bei den Menschen, so gibt es auch bei den Spatzen Ungeduldige, die sich vordrängeln und sogar versuchen, vor ihnen stehende Vögel von den Steinen am Wasser zu stoßen. Wenn sie nicht fliegen könnten, würden sie ins Wasser fallen. Manche derart behandelten Spatzen hacken dann nach den Dränglern und bringen wieder Ruhe in die wartende Menge. Andere reagieren, indem sie sich wieder hinten anstellen. Man kann von Spatzen allerhand lernen!

Das ausgiebige Bad genießen diese beiden Spatzen sichtlich

Falken sind extrem wendige Flieger und erbeuten auch Sperlinge

Überall Feinde

Ornithologen, also Vogelforscher, berichten, dass Spatzen in den Städten länger leben als auf dem Land. In den Niederlanden hat man bei beringten Spatzen festgestellt, dass sie sogar 14 Jahre alt geworden sind. Vögel werden von Fachleuten beringt, um ihr Verhalten über einen längeren Zeitraum verfolgen zu können. Auf dem Ring am Fuß stehen Informationen über den betreffenden Vogel. Wird er wieder eingefangen oder tot aufgefunden, gibt der Ring den Forschern auch Auskunft über sein Alter.

Spatzen haben viele Feinde, vor denen sie sich in Acht nehmen müssen. Man nennt sie Prädatoren, Räuber, Beutegreifer oder Fressfeinde. Dazu gehören zum Beispiel Falken, Bussarde, Sperber und Habicht. Rabenvögel wie Elstern und Eichelhäher haben es auf Jungvögel abgesehen.

Die Spatzeneltern beschützen ihre Jungen nach dem Ausflug aus dem Nest. Sie locken sie in Büsche, um sie dort zu füttern. Das tun sie nie mehrmals an der gleichen Stelle. Sie rufen die Jungen immer an anderer Stelle zu sich, damit sich kein Räuber auf die Futterstellen konzentrieren kann. Trotzdem gelingt es manchmal Sperbern und Falken, einen Spatzen zu fangen.

Auch in der Stadt lauern Gefahren

Rabenvögel, vor allem Elstern und Krähen, besiedeln seit Jahren zunehmend hohe Bäume in Stadtparks und Alleen. Diese intelligenten Vögel mussten ihren Lebensraum ebenso wie die Feldsperlinge in Siedlungen verlegen, weil sie in der freien Natur unter Nahrungsmangel leiden.

Dank ihrer Flugkünste entgehen Spatzen so manchem Angriff

Ab Mai sind auch Elstern, Raben- und die Nebelkrähen auf der Suche nach Nahrung für ihre Jungen. Sie fressen die Eier, wenn sie ein Nest entdecken, oder nehmen die Nestlinge mit. Während Falken und Sperber dank ihrer Flugkünste auch erwachsene Spatzen in der Luft erbeuten können, konzentrieren sich die Rabenvögel auf Jungvögel, die noch nicht so sicher wie die Alten fliegen.

Bei uns nisten im Umkreis von etwa 500 Metern vier Elsternpaare in hohen Birken, Linden und Ahorn-Bäumen. Der Bestand an Türkentauben, die in den zahlreichen hohen Fichten in unseren Gärten brüteten, nimmt gleichzeitig seit drei Jahren ab. Amseln sieht man bei uns nur noch selten. Es wird immer behauptet, dass Elstern keinen großen Schaden unter den kleineren Vögeln anrichten – wir sind durch unsere Beobachtungen anderer Meinung.

Manchmal aber überraschen uns die Spatzen. Eine Elster auf unserem Futterhaus wurde von einem Schwarm Spatzen davongejagt. Man sagt, die Spatzen hassen auf die Elster. Dieser Begriff wird von Vogelforschern und Jägern benutzt. Die Spatzen flogen Scheinangriffe und wirbelten unter lautem Zetern nahe um die verdutzte Elster herum. Die flog erschrocken davon, und das wollten die Spatzen erreichen.

Wenn eine Elster das Futterhaus besucht, dann lässt sich dort und in der Umgebung kein anderer Vogel sehen

Rabenvögel erbeuten manchmal Eier oder Junge anderer Vögel

Durch Autos sterben auf unseren Straßen leider sehr viele Vögel

Marder können hervorragend klettern und erreichen dadurch auch Nistkästen

Ratten verschmutzen nicht nur das Vogelfutter, sondern können auch Jungvögel erbeuten

Die für Spatzen gefährlichsten Vierbeiner sind Ratten, Marder und vor allem Katzen. Wo sich viele Vögel in einem Garten aufhalten, findest Du vielleicht auch manchmal tote Spatzen oder Überreste davon. Dass Katzen frei laufen dürfen, ist für Vögel und viele andere heimische Tiere extrem schlecht!

Wenn es manchmal sehr still ist im Garten, dann ist bestimmt Nachbars Katze zu Besuch. Die Spatzen sitzen dann in den Bäumen und beobachten sie. Fliegt ein Jungvogel aus seinem Buschversteck, dann wird es plötzlich laut. Viele Spatzen verlassen die Bäume und fliegen zeternd über den Garten. Für den Jungvogel ist das ein Zeichen, sich ihnen anzuschließen und mit ihnen in die Bäume zu fliegen, wo die Katze nicht hinkommen kann.

Kurzes Leben

Zwar können Spatzen erheblich älter werden, aber meist währt ihr Leben nur kurze Zeit: Im Durchschnitt werden die Vögel nur etwa drei Jahre alt.

Nicht einmal am Vogelhaus sind Sperlinge vor Katzen sicher

Es gibt zwar Anleitungen für spezielle Nistkästen für Sperlinge und auch entsprechende Modelle im Fachhandel. Aber manchmal beschlagnahmen Spatzen auch einfach „normale" Nistkästen, die eigentlich für andere Arten gedacht sind.

Ein Haus für Sperlinge

An modernen Gebäuden finden Sperlinge kaum noch Nistgelegenheiten und bei der Reparatur von alten Häusern werden Hohlräume verschlossen. Wie wäre es, wenn Du mit Deinen Eltern einen Nistkasten bauen oder kaufen würdest?

Aber es wird kaum ein Spatzenpaar in einen einzeln aufgehängten Nistkasten einziehen. Spatzen brüten gern in Gesellschaft – und deshalb ist es sinnvoll, ein Spatzenhaus mit mindestens drei Wohnungen zu kaufen oder selbst zu bauen. Dazu gibt es Pläne von Naturschutz-Organisationen, die Du im Internet finden kannst.

Wir selbst haben das 3-Zimmer-Spatzenheim des Naturschutzbundes Deutschland (NABU) zum Nachbauen ausgewählt. Im Baumarkt ließen wir uns die Holzteile nach dem Plan zuschneiden und bauten das Spatzenheim zu Hause zusammen.

Hier fühlen sich Spatzen richtig wohl

Kulturfolger

Tiere, die wie der Haussperling in Gesellschaft des Menschen leben, nennt man Kulturfolger. Solche Arten finden in der Nähe menschlicher Ansiedlungen oder sogar darin günstige Lebensbedingungen.

Das ist die Spatzenwohnung, die wir nach dem Plan des NABU gebaut haben. Die Abschlussleiste für die Türen unten fehlt noch auf diesen beiden Fotos.

Bevor Ihr ein solches Haus baut, müsst Ihr Euch Gedanken machen, wo es aufgehängt werden soll. Hausspatzen brüten gern an Gebäuden. Habt Ihr an Eurem Haus oder der Wohnung Platz dafür? Am besten wäre es, den Kasten unter dem Dach an einem schattigen Platz aufzuhängen. Wir haben das getan. Die Einflugöffnungen sollen nach Osten ausgerichtet sein. Das haben wir auch berücksichtigt. Aber den Spatzen hat das nicht gefallen. Meisen haben immer wieder in den Kasten geschaut. Sie sind längere Zeit darin geblieben. Wir dachten, es wäre ja auch schön, wenn ein Meisen-Paar darin brüten würde.

Spatzen leben nur dort, wo sie auch geeignete Nistmöglichkeiten finden

Im ersten Jahr brütete niemand im Spatzenhaus. Wir entfernten das Haus von der Stelle und hängten es an der Nordseite unseres Gartenhauses auf, direkt unter dem Dach und im Schatten. Wieder warteten wir vergeblich auf Bewohner. Das Haus hatte viele Besucher. Es wurde als Schlafraum benutzt, aber kein Spatzenpaar wollte darin wohnen. Vielleicht waren genügend Nistmöglichkeiten in der Nachbarschaft vorhanden, die die Spatzen bevorzugten. Dann aber, im dritten Jahr, entdeckten Feldspatzen das Haus für sich. Die Männchen begannen mit dem Nestbau. Das ist bei Spatzen so üblich. Sie stritten sich um die Wohnungen, jagten einander vom Kasten weg und hörten nicht auf, jede einzelne Wohnung immer wieder zu überprüfen. Sie flogen an die Öffnung, verschwanden im Kasten und schauten kurz darauf aus der Öffnung heraus. Manchmal waren zwei der drei Wohnungen auf diese Weise besetzt.

Hier stopft ein Feldspatz Nistmaterial in die mittlere Wohnung

Dann begannen die Vögel Nestmaterial herbeizuschaffen. Grashalme, trockene Blätter, grüne Blätter und Teile von blühenden Gräsern. Sie rupften unseren schönen Waldgeißbart, von dem sie die Blütenrispen am Stiel abzwickten. Mit diesen größeren Pflanzenteilen flogen sie an die Öffnungen des Spatzenhauses und zogen die Pflanzenteile in den Kasten. Nach ein paar Tagen waren die Baumeister allerdings wieder verschwunden. Wir vermuten, dass sie kein Weibchen mit ihrer Bautätigkeit beeindrucken konnten. So blieben die Wohnungen leer.

Wir wollten die Spatzen weiter für unsere Spatzenwohnung interessieren. Ich stellte eine Leiter an und stopfte getrocknetes Heu in die Einflugöffnungen rechts und links und ließ die Halme aus den Einflugöffnungen herausragen. Vielleicht würde die Vögel das interessieren. Das tat es auch: Sie haben alle herausstehenden Halme mitgenommen und sie irgendwo als Baumaterial benutzt. Die cleveren Feldspatzen hatten unseren Service ausgenutzt. Sie haben Hilfe in Form von Futter und Nistmaterial von uns angenommen und wir hoffen, dass im nächsten Frühjahr die Vögel bei uns nisten, die in unserem Garten aufgezogen worden sind. Das wäre schön!

Munterer Spatzen-Nachwuchs direkt vor der eigenen Haustür – ist das nicht wunderbar?

Großes Sperlings-Quiz

Du weißt jetzt sehr viel über Sperlinge, ja, Du bist ein richtiger Experte auf diesem Gebiet geworden! Wenn Du Lust hast, kannst Du einmal ausprobieren, was Du Dir alles gemerkt hast. Kreuze bei jeder Frage eine Antwort mit dem Bleistift an und schau am Schluss auf Seite 64 nach, ob Du richtig getippt hast. Und nun viel Spaß!

1. Was bedeutet das Wort Sperling?
a) fliegen ❍
b) rennen ❍
c) zappeln ❍

2. Zu welcher Vogelgruppe gehören die Spatzen?
a) Hühnervögel ❍
b) Singvögel ❍
c) Gänsevögel ❍

3. Wie viele Sperlingsarten gibt es?
a) 20 ❍
b) 34 ❍
c) 43 ❍

4. Wie viele Arten leben in Deutschland?
a) 1 ❍
b) 2 ❍
c) 3 ❍

5. Wer brachte Spatzen nach Amerika?
a) Piraten ❍
b) Auswanderer ❍
c) Kolumbus ❍

6. Wo gibt es die meisten Hausspatzen?
a) auf den Feldern ❍
b) in Parks ❍
c) in Städten ❍

7. Wie heißen die einheimischen Arten?
a) Haus-, Feld- und Schneesperling ❍
b) Wald-, Wiesen- und Heidesperling ❍
c) Garten-, Park- und Dorfsperling ❍

8. Warum gibt es immer weniger Spatzen?
a) Weil es zu warm ist ❍
b) Weil es zu wenig Nahrung und Nistmöglichkeiten für sie gibt ❍
c) Weil es zu viele Prädatoren gibt ❍

9. Wo wohnen Hausspatzen?
a) unter Dächern und in Mauernischen ❍
b) auf hohen Bäumen ❍
c) in Parkanlagen ❍

10. Was wird als Mauser bezeichnet?
a) eine Vogelkrankheit ❍
b) ein Spezialfutter ❍
c) der Wechsel des Federkleides ❍

11. Was sind Kulturfolger?

a) Tiere, die in der Natur leben ❍
b) Tiere, die in menschlichen Ansiedlungen leben ❍
c) Tiere, die gern am Wasser leben ❍

12. Wo gibt es die meisten Spatzen?

a) in Deutschland ❍
b) in Amerika ❍
c) in Afrika, Europa und Asien ❍

13. Was ist Honigtau?

a) süßer Pflanzensaft ❍
b) Blütennektar ❍
c) süße Ausscheidungen von Blattläusen ❍

14. Wann brauchen Spatzen viele Insekten?

a) im Herbst ❍
b) im Winter ❍
c) wenn sie Junge haben ❍

15. Nistkästen für Spatzen sollte man ...

a) ... möglichst tief aufhängen ❍
b) ... im Gebüsch aufhängen ❍
c) ... hoch an einer Wand aufhängen ❍

16. Was ist eine Fluchtdistanz?

a) der Abstand, den Tiere vor Gefahren einhalten ❍
b) der Abstand, den Spatzen voreinander einhalten ❍
c) der Abstand zwischen den Nestern ❍

17. Was ist Instinkt?

a) Futterneid ❍
b) Streitsucht ❍
c) Das angeborene Verhalten für die Lebens- und Arterhaltung ❍

18. Was empfehlen viele Vogelforscher?

a) Spatzen nur im Winter zu füttern ❍
b) Spatzen nur im Sommer zu füttern ❍
c) Spatzen und alle Vögel das ganze Jahr über zu füttern ❍

19. Warum baden Spatzen gern im Sand?

a) Weil sie gern Staub aufwirbeln ❍
b) Weil sie Insekten suchen ❍
c) Weil sie damit Parasiten aus den Federn entfernen ❍

20. Was sind Prädatoren?

a) Beutegreifer, Räuber oder Fressfeinde ❍
b) Naturschützer ❍
c) Pflanzenfresser ❍

Lösungen zum Sperlings-Quiz:

1) c: Das Wort Sperling bedeutet so viel wie „der Zappelnde“.
2) b: Spatzen gehören zur Gruppe der Singvögel.
3) c: Es gibt 43 Spatzenarten.
4) c: In Deutschland leben 3 Arten.
5) b: Auswanderer brachten Spatzen nach Amerika.
6) c: Die meisten Hausspatzen gibt es in den Städten.
7) a: Die einheimischen Arten heißen Haus-, Feld- und Schneesperling.
8) b: Weil es zu wenig Nahrung und Nistmöglichkeiten für sie gibt.
9) a: Hausspatzen wohnen vor allem unter Dächern und in Mauernischen.
10) c: Als Mauser bezeichnet man den Wechsel des Federkleides.
11) b: Kulturfolger sind Tiere, die in menschlichen Ansiedlungen leben.
12) c: In Afrika, Europa und Asien gibt es die meisten Spatzen.
13) c: Als Honigtau werden die süßen Ausscheidungen von Blattläusen bezeichnet.
14) c: Spatzen brauchen viele Insekten, wenn sie Junge haben.
15) c: Nistkästen für Spatzen sollte man hoch an einer Hauswand aufhängen.
16) a: Fluchtdistanz ist der Abstand, den Vögel und andere Tiere vor Gefahren einhalten.
17) c: Instinkt ist das angeborene Verhalten für die Lebens- und Arterhaltung.
18) c: Viele Vogelforscher empfehlen, Vögel das ganze Jahr über zu füttern.
19) c: Sandbäder dienen dazu, Parasiten zu entfernen.
20) a: Prädatoren sind Beutegreifer, Räuber oder Fressfeinde.

Entdecke die Reihe mit der Eule!

Entdecke die Eulen

Entdecke die Greifvögel

Entdecke die Rabenvögel

Entdecke die Spechte

Entdecke die Finken

Entdecke die Spatzen

Entdecke die Eisvögel

Entdecke die Zugvögel

Entdecke die Singvögel

Entdecke die Meisen

Entdecke die Kraniche

Entdecke die Störche

Entdecke die Möwen

Entdecke die Pinguine

Entdecke die Papageien

Entdecke die Kolibris

Entdecke die Fledermäuse

Entdecke die Hunde

Entdecke die Kühe

Entdecke die Pferde

Entdecke die Esel

Entdecke die Nagetiere

Entdecke die Igel

Entdecke die Waschbären

Entdecke die Biber

Entdecke die Otter

Entdecke die Wölfe

Entdecke die Tiger

Entdecke die Bären

Entdecke die Pandas

Entdecke die Menschenaffen

Entdecke die Elefanten

Entdecke die Nashörner

Entdecke die Erdmännchen

Entdecke Affen und Lemuren

Entdecke die Beuteltiere

Natur und Tier - Verlag GmbH
An der Kleimannbrücke 39/41 · 48157 Münster
Telefon: 0251 - 13339-0 · Fax: 0251 - 13339-33
E-Mail: verlag@ms-verlag.de · www.ms-verlag.de